I0698037

Proteo
PROTEO

MARINA

MARINA
MARINA

MEXICO

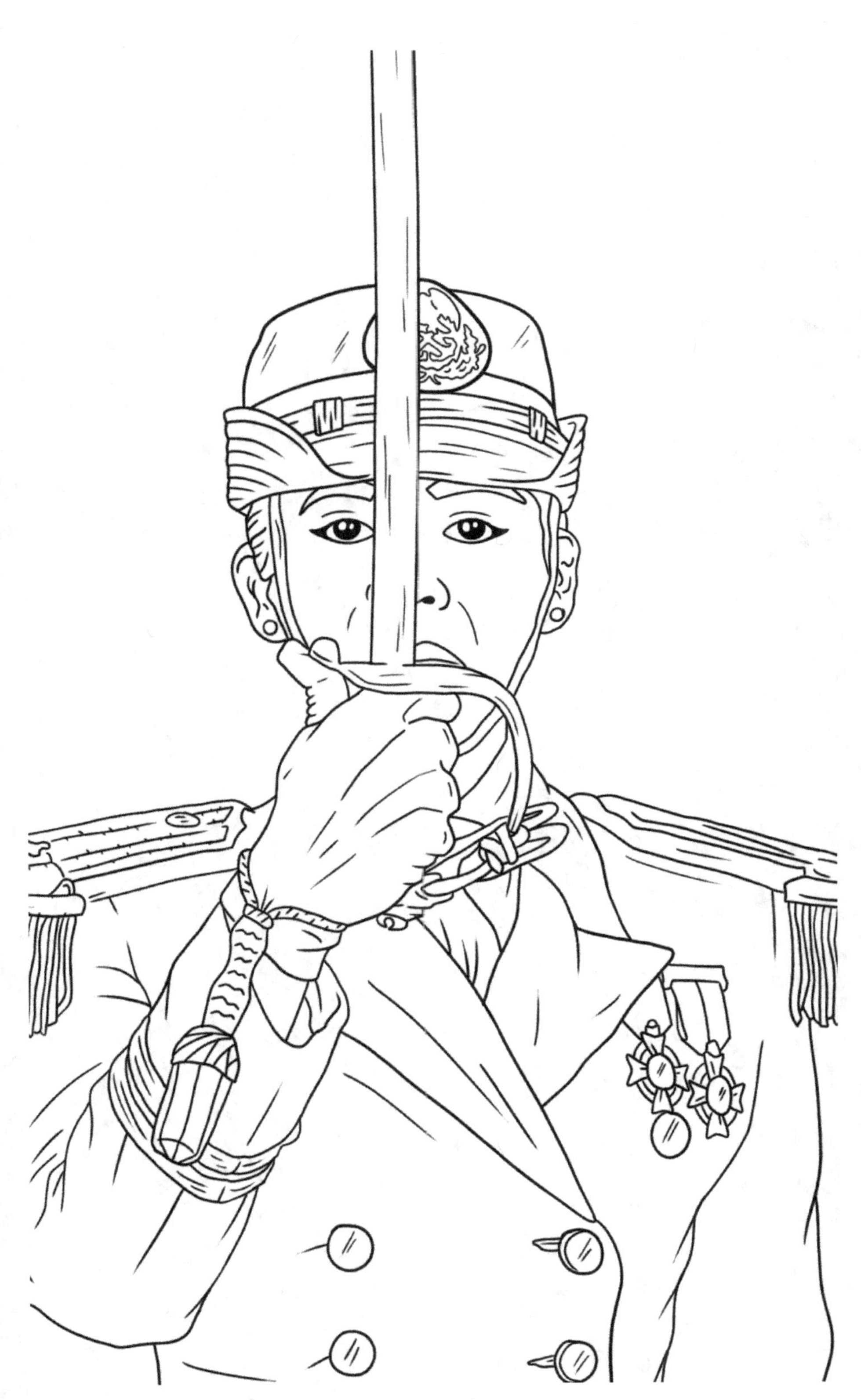

EJERCITO
ICA

MEXIC

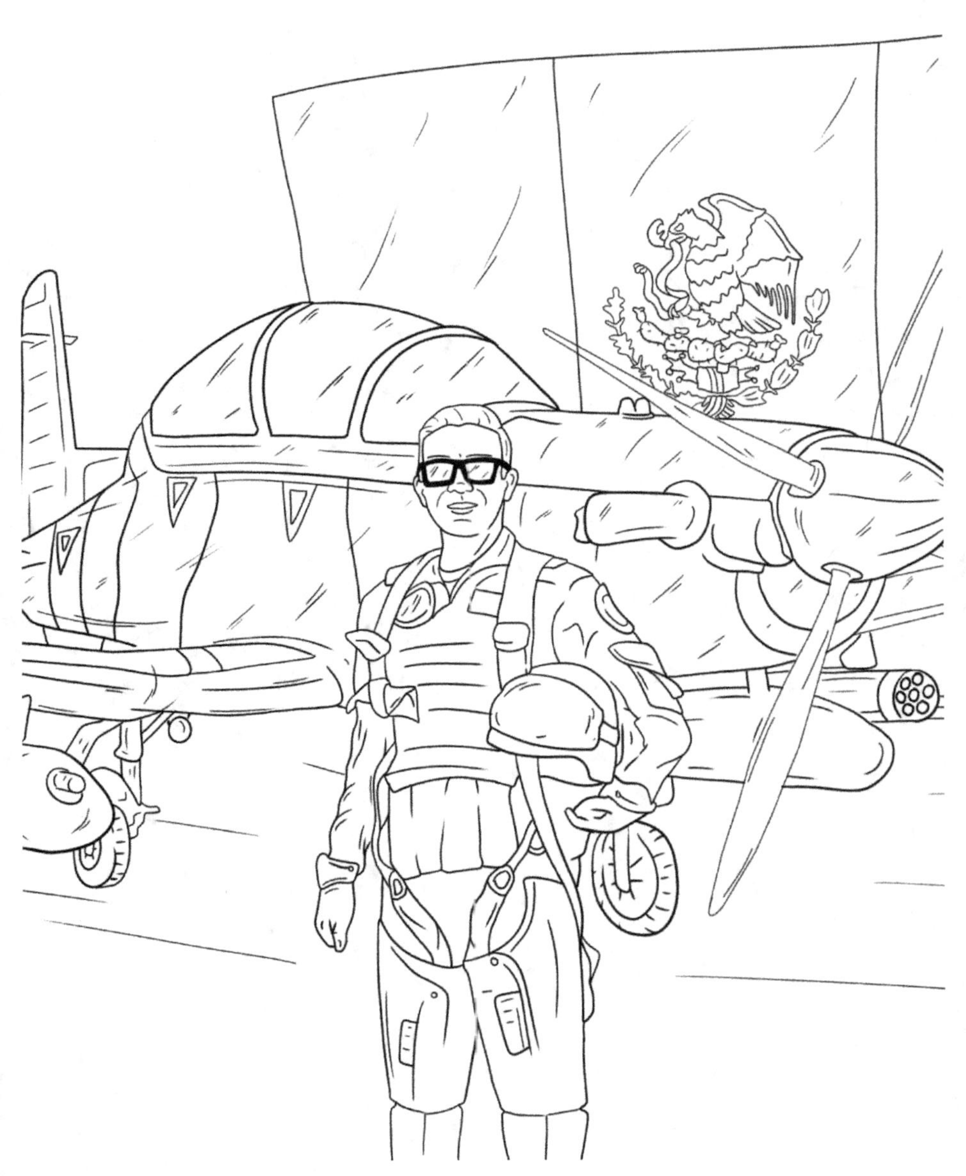

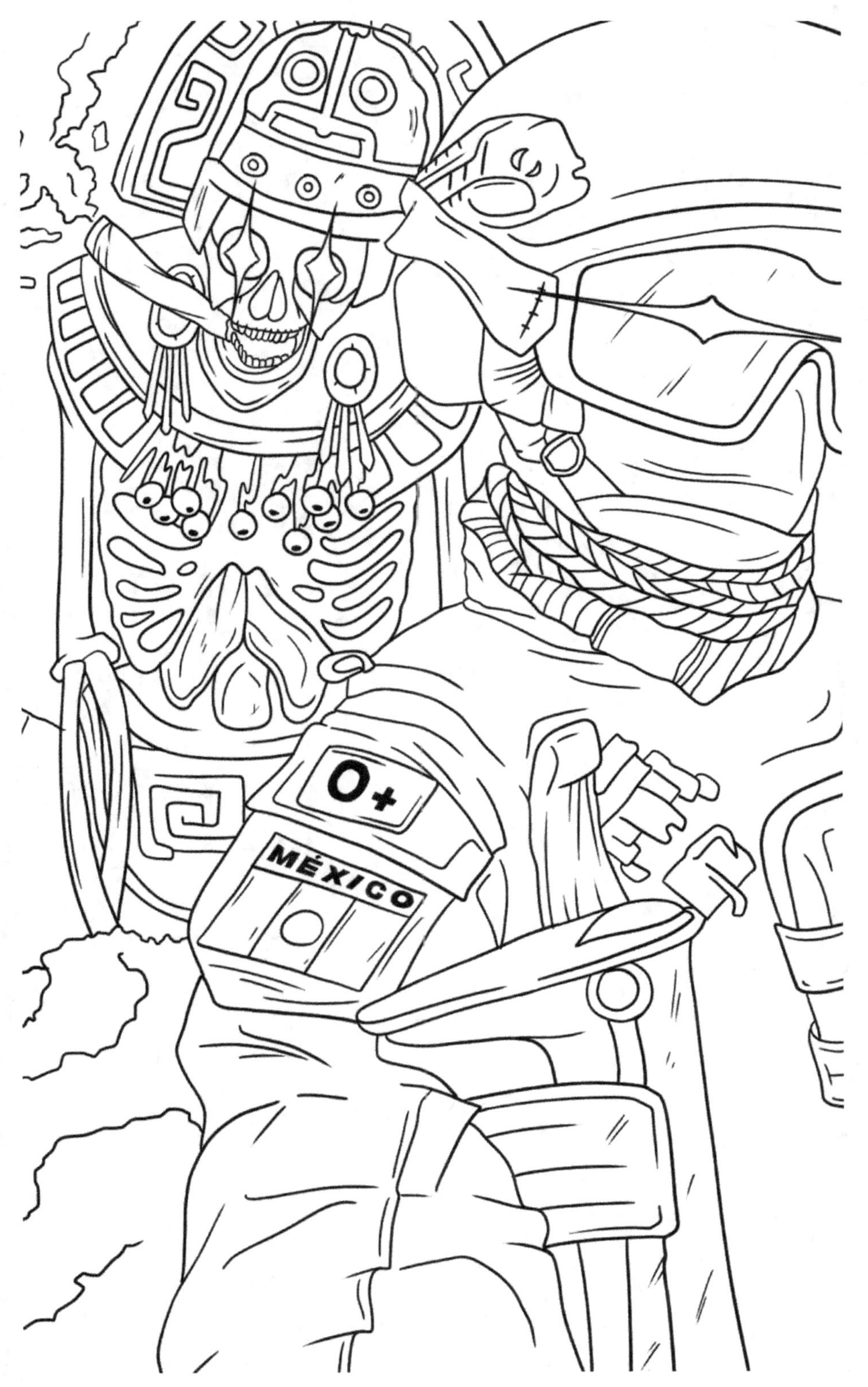
O+
MÉXICO

Arkadas

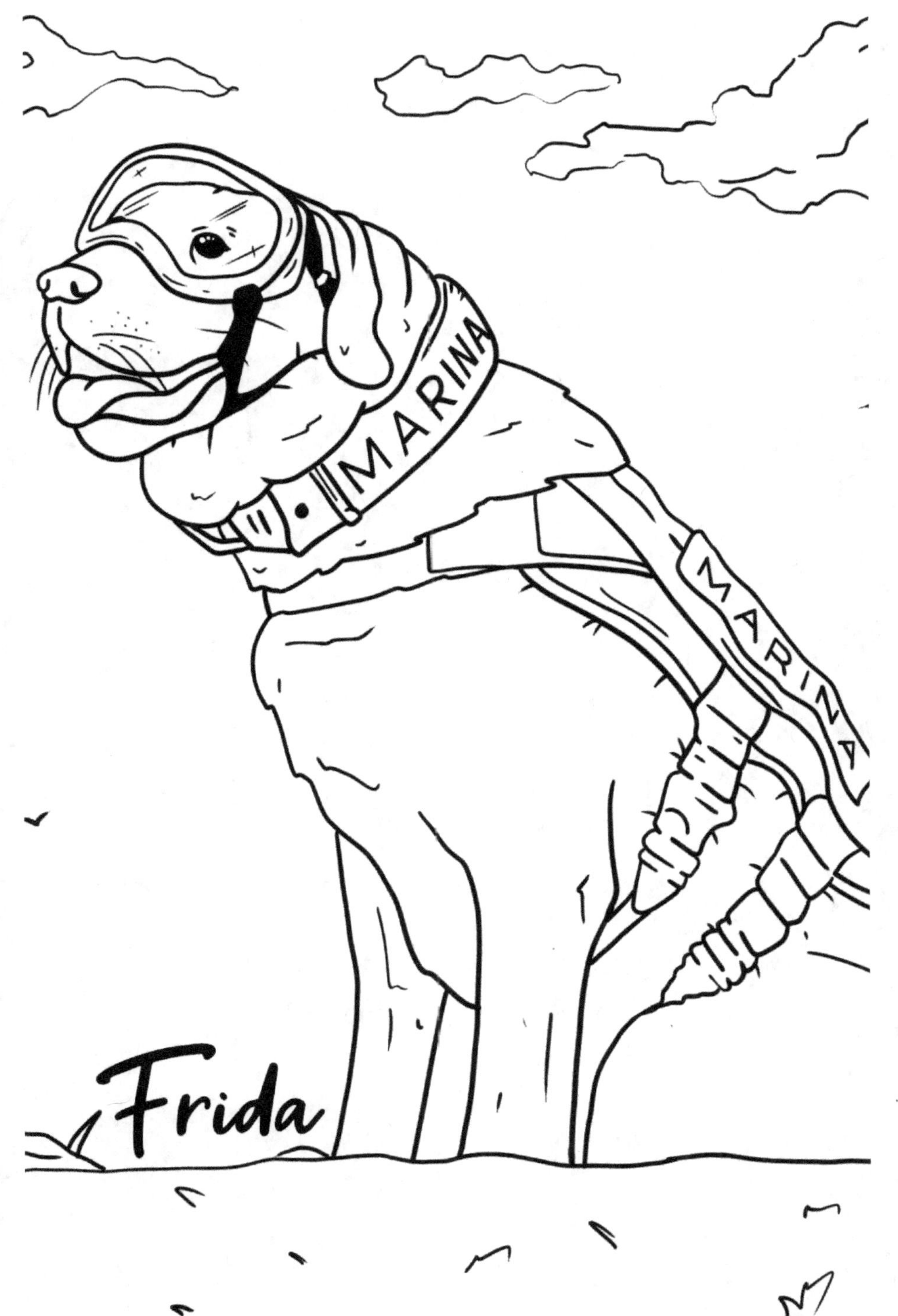

MARINA
MARINA
Frida

del arma
ada 16 de abril
ARMA BLIND
MÉXICO
3304613

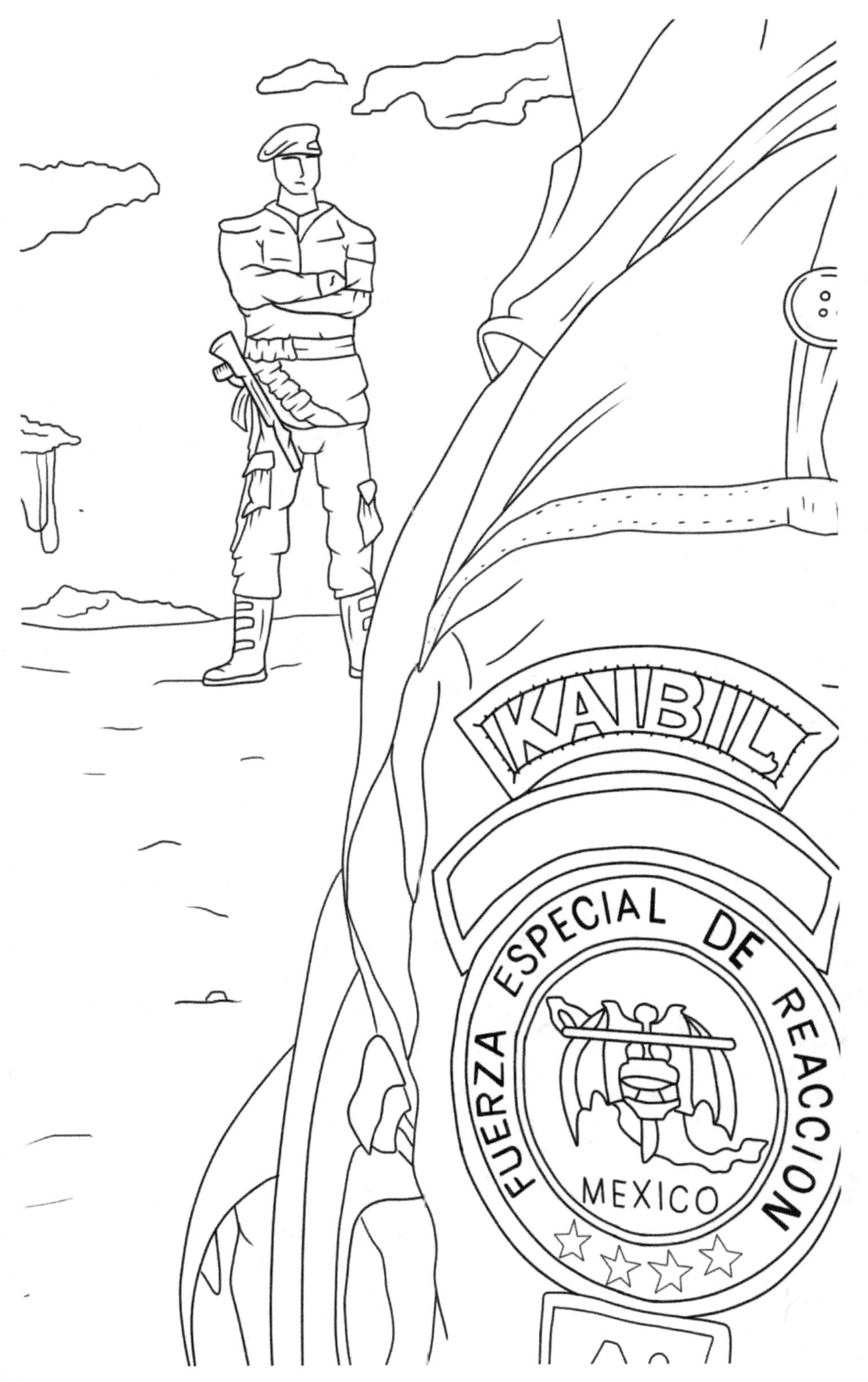

KAIBIL
FUERZA ESPECIAL DE REACCION
MEXICO